# 5 Minuten Tierfreundegeschichten

## für Leseanfänger

gondolino

ISBN 978-3-8112-3559-5
1. Auflage 2021

Umschlagillustration: Heike Wiechmann
Umschlaggestaltung: Vanessa Braun
Printed in the EU



Der Umwelt zuliebe gedruckt auf chlorfrei gebleichtem Papier.

www.gondolino.de

# Inhalt

# Achtung, Liebespärchen!

Endlich ist Frühling!
Die Sonne lockt Leo und Leni
in den Garten hinaus.

„Los, Leni, wir machen unser
Baumhaus klar!“, ruft Leo seiner
Schwester zu.

Aber was ist denn das?
Zwei Schwalben sausen an Leo vorbei. Oben am Baumhaus verschwinden sie in einem komischen halbrunden Ding.

Leni schüttelt verwundert den Kopf.
„Ob die etwa ein Nest bauen?“

Die Geschwister holen ihr Fernglas.
Die Schwalben segeln fort und
kommen wieder, segeln fort und
kommen wieder …

Mit ihren Schnäbeln holen sie
das Baumaterial für ihr Lehmnest.
Nach sieben Tagen ist es fertig.

„So ein süßes Liebespaar“,
flüstert Leni und kichert.

„Wir haben bestimmt bald Junge.“
„Wir?“, sagt Leo und schmollt.
„Unser ganzes Baumhaus
blockieren die.“

Leni malt ein Schild und Leo ist so nett, es an den Baum zu binden.

*Achtung, Vogelliebe!*
*Eintritt strengstens verboten!*

Zwei Wochen später ragen vier hungrige Schnäbel aus dem Nest. Die Schwalbeneltern stopfen pausenlos Futter in sie hinein:

Mücken, Fliegen, Käfer und was sie sonst noch alles in der Luft finden.

Aber das Beste kommt noch:
der Flugunterricht!

Leo findet es einfach zum Piepen,
wie die tapsigen Schwalbenkinder
ihre ersten taumeligen Flugversuche
machen.

Eines Tages ist es
wieder still am Baumhaus.
Die Schwalbenfamilie ist ausgezogen.

„Jetzt dürfen wir endlich rein!“,
jubelt Leo.

„Ob unsere kleinen Freunde wohl
nächstes Jahr wiederkommen?“

# (K)ein großer Katzenfreund

Jakob wundert sich.
Mama steht seit Stunden
in der Küche.

Und Papa putzt so hektisch herum,
dass sich Tiger verkrochen hat!
Was ist nur los?

„Heute kommt Herr Fritz zu Besuch“,
erklärt Papa schließlich.
Ah, jetzt versteht Jakob!
Herr Fritz ist Mamas Chef.

„Tiger bleibt besser in deinem Zimmer“,
sagt Mama zu Jakob.
„Ich habe nämlich gehört,
dass Herr Fritz keine Katzen mag.“

Jakob kann diesen Herrn Fritz
schon jetzt nicht leiden.
Wütend stapft er in sein Zimmer.

Da klingelt es!
Herr Fritz hat Blumen mitgebracht.

Papa serviert das Essen.
Mama versucht, entspannt auszusehen.
„Komm, Jakob, sag kurz Hallo!“,
flötet Mama durch die Tür.
Jakob seufzt.
Aber dann geht er ins Esszimmer.

„Ah, der Junior!“, lächelt Herr Fritz.
Weiter kommt er nicht.
Denn plötzlich ist Tiger da!
Oh nein! Jakob versucht,
den Kater zu packen.

Tiger erschrickt,
springt zur Seite
und verkrallt sich in der Tischdecke …

„TIGER!!“, donnert Papa.

Zu spät.

Schon geht die Decke zu Boden.

Der Teller mit dem Braten kippt …

… in den Schoß von Herrn Fritz!

Alle erstarren.

Bis Herr Fritz zu lachen beginnt.
Mama schaut ihn unsicher an.
Aber dann prustet auch sie los.

Jetzt stimmen auch Papa und Jakob ein.
Bald kringeln sich alle vor Lachen.

Später gibt es superleckere Pizza.
Die fleckige Hose liegt auf der
Heizung.
Und Tigers Kopf
an der Brust von Herrn Fritz.
Na so was ...!

# Moose zum Anfassen

Mia packt ihren Koffer.
Heute Mittag fliegt sie
mit ihren Eltern nach Kanada!

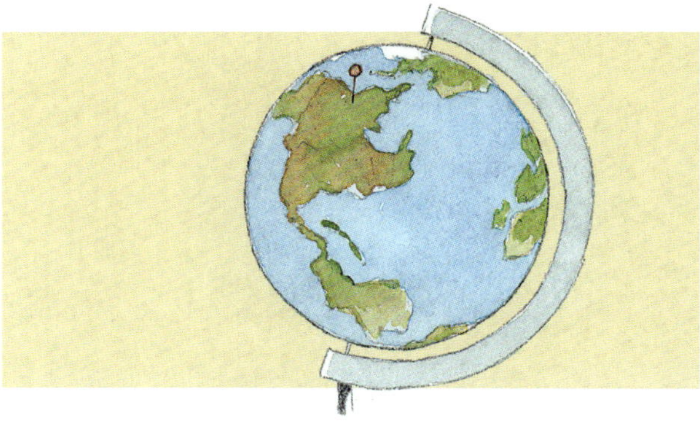

Dort wohnt ihre Cousine Jenny.
Mia hat sie noch nie besucht.
Aber sie schreiben sich oft.

Jenny hat Mia viel von Kanada erzählt.
Mia findet sie total nett.
Aber leider hat Jenny eine Macke:
Sie liebt Moos über alles.
Ja, wirklich!

Ständig schreibt sie Mia,
wie toll die Moose bei ihnen sind.
Mia findet das komisch.
Aber sie war trotzdem im Garten
und hat fleißig Moos gesammelt.
Als Begrüßungsgeschenk für Jenny.

Im Flugzeug erzählt Mia ihrem Papa davon.
„Meinst du, Jenny ist verrückt?“, fragt Mia ihn beunruhigt.

Aber ihr Papa lacht nur.
„Wart's ab", sagt er. „Du wirst die
Moose auch mögen!"
Aber da ist Mia sich sicher:
Moose findet sie ziemlich doof.

Als sie endlich landen,
zappelt Mia aufgeregt herum.
Sie gehen zum Ausgang.

Ganz vorn steht Jenny.
Sie hält ein Schild hoch.
Mia winkt.

„Was hat sie denn da
auf das Schild gemalt?“,
fragt Mia leise.
„Einen Elch“, schmunzelt ihr Papa.

Da läuft Jenny ihnen schon entgegen.

„Hallo!“, ruft sie und umarmt Mia herzlich.

„Schön, dass du da bist. Jetzt kann ich dir endlich alles zeigen.
Vor allem meine Lieblingstiere:
die *moose*!“

„Tiere?“, fragt Mia verwundert.
Und wieso sagt Jenny denn
„Mus“ und nicht Moose?
„Ja, Tiere“, nickt Jenny.
„Ich glaube, bei euch heißen sie
Elche. Wir sagen *moose* dazu.“

Mia schaut Jenny verdutzt an.
Ihr Papa lacht sich fast kaputt.

Jenny zieht Mia zur Seite.
„Was hat denn dein Papa, ist der verrückt oder so?"
Mia grinst.

„Nein, der ist schon okay. Übrigens, ich habe dir was mitgebracht: ganz viel Moos für die Elche!"
Jenny nickt begeistert.
Und Mias Papa kugelt sich auf dem Boden.

# Was ist bloß mit Mücke los?

Eigentlich ist Mücke immer vergnügt. Sie springt gerne aufs Sofa und wieder hinunter. Immer wieder.

Und sie rennt gerne durch den Garten. Dort bellt sie immer den Vögeln hinterher.

Aber seit ein paar Tagen ist
Mücke wie verwandelt.
„Mama, was ist bloß mit Mücke los?“,
fragt Sofie verwundert.

Mücke liegt still in ihrem Körbchen.
„Vielleicht ist sie bloß müde“,
sagt Mama.
Aber auch am nächsten Tag will
Mücke nicht heraus aus ihrem Korb.
Sie will nicht in den Garten.
Sie will nicht mit dem Ball spielen.

Sie will nicht kuscheln.
Sie will nur ihre Ruhe haben.
Aber wenigstens hat sie Hunger.
Viel mehr Hunger als sonst.

Immer wieder tapst sie in die Küche und schaut nach, ob Sofie ihr etwas in den Napf gelegt hat.

„Papa, vielleicht ist Mücke krank“, sagt Sofie besorgt.

„Ach was, die ist bloß verfressen und faul“, meint Papa. „Mücke frisst ja fast so viel wie drei Hunde.“

Mama nickt.
Sie findet auch, dass
Mücke ganz schön
dick geworden
ist.

Am nächsten Morgen ist Mücke
verschwunden. Ihr Korb ist leer.
„Mücke!", ruft Sofie aufgeregt.
„Wo bist du?"

Da hört sie plötzlich ein merkwürdiges Piepsen aus dem Wäscheschrank. Vorsichtig öffnet Sofie die Schranktür und macht große Augen.

„Mama, Mücke hat Babys bekommen!“, ruft Sofie glücklich. „Jetzt müssen wir wirklich drei Hunde füttern!“

# Neue Freunde

Clara sitzt im Hausflur und zieht
ihre Inlineskates aus.
Da raschelt es unter der Treppe.
Was das nur sein mag?
Clara schaut nach.
Ganz hinten in der Ecke sitzt ein
graues Kätzchen.
Da kommt Clara nicht hin.
„Komm her!“, ruft sie.
Aber das Kätzchen hat Angst.

Zum Glück sammelt Clara alles,
was sie findet, in den Hosentaschen.
Da ist auch eine Schnur dabei.

Damit lockt sie das Kätzchen.
Es klappt!

Sie rennen im Flur hin und her.
Clara läuft vorneweg
und das Kätzchen hinterher.

Die Treppenstufen hoch und runter
macht es noch mehr Spaß.

Clara fischt eine Murmel
aus ihrer Hosentasche.
Wie schön die auf dem Boden klappert!
Das Kätzchen jagt ihr hinterher.

Aber manchmal muss Clara auch selbst
danach suchen.

Dann sind beide außer Atem.
Clara setzt sich. Das Kätzchen
schmiegt sich an sie.

Wie weich das Fell ist.
Wem das Kätzchen wohl gehört?
Ob Clara es einfach behalten kann?

Da scheppert eine Haustür.
„Peppa, mein Kätzchen, wo steckst du nur?“, ruft eine Stimme.

Clara schaut die Treppe hoch.
Es ist die alte Frau Lehne.
Sie wohnt im zweiten Stock.

Aus der Traum!
„Peppa ist hier!", ruft Clara
und trägt das Kätzchen hoch.

„Danke, Clara", sagt Frau Lehne.
„Peppa haut immer wieder ab.
Willst du sie füttern?"

Was für eine Frage!
Clara öffnet die Dose und löffelt
das Futter in den Katzennapf.

Peppa stürzt sich darauf.
„Friss langsam“, sagt Clara.
Aber wer spielt, hat auch Hunger!

Später macht Clara mit Frau Lehne das Katzenklo sauber. Das stinkt ganz schön. „Aber Klo ist Klo“, sagt Frau Lehne.

Zur Belohnung gibt es Kakao – und für Peppa verdünnte Milch.

Dann muss Clara gehen.
Aber das Kätzchen will sich nicht
von ihr trennen.

Frau Lehne lacht. „Ich glaub,
Peppa will, dass du wieder kommst.“

Clara nimmt Peppa auf den Arm.
„Morgen, hab ich gedacht!“
Sie schaut Frau Lehne an –
und die nickt.

# Glück gehabt, kleiner Delfin!

## Mia am Meer

Es sind Ferien.
Wie jeden Sommer fährt Mia
mit ihren Eltern und ihrem großen
Bruder Anton ans Meer.
Sie wohnen dort in einem alten
Fischerhaus.

Nach einer langen Autofahrt
sind sie endlich da.
Mia kann es kaum noch erwarten.

Sie freut sich so
auf das Meer
und auf die Tiere!

Zusammen mit Anton
rennt Mia zum Strand.

In einem Korb sammelt
sie Muscheln und
Seesterne.
Für ihr kleines Museum
in ihrem Zimmer zu Hause.

Mia beobachtet
die Möwen.
Einige schreien
hoch oben in der Luft.

Andere reiten frech
auf dem Wellenschaum.

Mia sieht Lachmöwen,
Silbermöwen und Sturmmöwen.

Durch ihr Fernglas beobachtet Mia
auch die Seehunde weit draußen
auf den Sandbänken.
Sie spielen miteinander oder
liegen faul in der Sonne.

Anton findet das alles langweilig.
Er möchte lieber zur Tauchstation.

# Mia und die Delfine

Mia will aber noch
auf die Delfine warten.
Sie leben in der Bucht
an der steilen
Felsenküste.

Es gibt dort
große und kleine,
dicke und dünne,
alte und junge
Delfine.

Oft schwimmen die Tümmler nahe an den Strand.
Sie tanzen auf ihren Schwanzflossen.
Sie machen Saltos hoch in der Luft.
Sie quietschen und pfeifen und springen um die Wette.
Mia hat einen Freund unter den Delfinen.
Sie nennt ihn Ben.
Ben ist fast vier Meter lang und sehr klug.

Wenn Mia ihren Freund ruft, kommt er gleich herbeigeschwommen.
Auch heute taucht Ben sofort auf.

Die Freude ist groß!
Nach einem Jahr sehen sich die beiden Freunde wieder!

## Hilfe, Mia!

Am nächsten Morgen spielt Mia
am Strand.
Sie sucht Schneckenhäuser.
Mias Eltern sitzen in ihrem Strandkorb.
Anton schnorchelt im Wasser.
Der Wind fegt über den Sand,
und das Meer rauscht laut.

Plötzlich hört Mia ein vertrautes Geräusch.
Ben schwimmt in der Nähe des Strandes und schnattert aufgeregt.

Dabei legt er immer wieder seinen Kopf nach hinten.

„Hallo, Ben!“, ruft Mia.
„Willst du mit mir spielen?“

Aus ihrer Tasche nimmt sie einen roten Ball und wirft ihn weit ins Wasser.

Doch der Wind treibt den Ball zurück.

Ben will nicht spielen.
Immer wieder richtet er sich auf
und schnattert laut.
Ist Ben in Gefahr?
Schnell läuft Mia zu ihren Eltern.
„Wo ist das Paddelboot?“, ruft sie.
„Ich muss sofort zu Ben!“
„Das ist viel zu gefährlich!“,
antwortet ihr Vater.

Mia ist unruhig.
„Aber jemand muss Ben doch
helfen!“, jammert sie.

„Was ist denn los?“,
will Anton wissen.
Mia erzählt ihm alles.
Anton holt das Fernglas.
„Ben hat etwas im Maul!“,
ruft er und schwimmt
sofort los.

Kurze Zeit später kommt Anton mit rostigen Schrauben in der Hand zurück.

„Seht ihr“, schreit Mia,
„mit Ben stimmt was nicht!
Wir müssen Hilfe holen!“

„Da gehen wir am besten
zur Tauchstation“,
meint Anton.

Mia und Anton zeigen den Männern,
was Ben gefunden hat.

# Rettung aus der Not

Die beiden Männer
sehen sich die
Schrauben an.

„Die Teile könnten aus dem alten Wrack stammen“, meint einer der beiden. „Es liegt nicht weit von hier vor der Küste.“

„Delfine sind sehr klug. Vielleicht ist wirklich etwas passiert“, sagt der andere. „Lasst uns hinausfahren und nachsehen.“

Schnell holen die Männer
ihre Tauchgeräte.
Mia und Anton dürfen mitfahren.
Sie ziehen Schwimmwesten an
und steigen ins Boot.
Mia ist sehr aufgeregt!

Der Bootsmotor wirbelt
das Wasser auf
und heult mit dem Wind
um die Wette.

Schnell fahren sie
aufs Meer hinaus.
Ben schwimmt vorneweg.

Auf der Höhe des Wracks
steigen die Taucher ins Wasser.
Mia und Anton warten.
Nach einer Weile taucht
einer der Taucher wieder auf.
„Im Wrack ist ein Delfinbaby
eingeklemmt!“, schreit er
durch den Sturm.

Er löst ein großes Netz im Boot und nimmt es mit in die Tiefe.

Es dauert nicht lange, und beide Taucher klettern wieder an Bord. In ihrem Netz zappelt ein kleiner Delfin.

## Gut gemacht, Mia!

„Der war wohl zu neugierig
und hat sich im Wrack verfangen“,
sagen die Taucher.
„Wir nehmen ihn mit, um ihn
untersuchen zu lassen.“

Mit dem Handy rufen
sie den Tierarzt an.

Dann fahren alle zum Strand zurück.
Der Arzt wartet schon.
Er kennt sich gut aus mit den Tieren des Meeres.
Zusammen mit dem Tierarzt ziehen die Taucher das Delfinbaby auf den Sand.

Mia streichelt ihm über den kleinen, feuchten Kopf.
„Hab keine Angst“, flüstert sie.
Der Tierarzt untersucht den Delfin sehr gründlich.

„Der Kleine hat nochmal
großes Glück gehabt“,
sagt er schließlich.
„Der Kratzer an der Flosse
ist nicht weiter schlimm
und heilt von selbst.“
Vorsichtig streifen die Taucher
das Netz über das Tier und ziehen es
mit dem Boot ins Meer hinaus.

Dort warten die anderen Delfine
und nehmen das Baby wieder in ihre
Gruppe auf.

Am nächsten Tag wartet Ben schon auf Mia.
Er schwimmt nahe am Strand.
Mia wirft ihm den roten Ball zu,
und Ben wirft den Ball zurück.

Dann winkt er mit seinen Flossen
und schnattert fröhlich.
Fast als wollte er sagen:
„Gut gemacht, Mia!“

# Paula rettet ein Kätzchen

## Das leere Fenster

Heute ist Leni gleich nach
der Schule mit zu Paula
gekommen.

So haben die Freundinnen
viel Zeit zum Spielen.
Das ist toll!
„Also, was machen wir?“,
fragt Paula.
Leni überlegt.

„Wollen wir mit Frido im Park
Stöckchen werfen?"

Da kommt Paulas Hund
schon angelaufen.

Und was bringt er mit?
Seine Leine!
Die Mädchen lachen.

Frido hat entschieden,
was gemacht wird!

Rasch packt Paula
ein paar Leckerlis ein.
Dann geht es los!

Vor dem Nachbarhaus
bleibt Paula stehen.
„Wo steckt denn Milly?“
„Milly?“, fragt Leni.
„Wer ist das?“

„Die Katze von Frau Schmittke“,
erklärt Paula.
„Milly sitzt sonst
immer am Fenster.

Sie ist getigert
und total süß!“

„Vielleicht sind Milly und Frau
Schmittke ja verreist“,
meint Leni.

„Komm jetzt, Paula!
Wir machen ein Wettrennen:
Wer zuerst im Park ist …!“

Na, wer wohl?
Frido natürlich!

# Von Hund und Katze

Im Park löst Leni Fridos Leine.
Die Mädchen verstecken sich
hinter Büschen und Bäumen.

„Wenn Frido sie aufspürt,
bekommt er ein Leckerli.
Zur Belohnung.
Kluger Hund!“, lobt Paula.

Dann wirft Paula Stöckchen.
Begeistert jagt Frido
hin und her.

„Pause, Frido!“,
japst Paula schließlich
und plumpst ins Gras.

Frido kuschelt sich dazu
und lässt sich kraulen.

Leni schaut den beiden zu.
„Du hast es gut“, seufzt sie.
„Du hast Frido …!“

„Aber du spielst doch
auch oft mit ihm“, wendet Paula ein.

„Das ist nicht das Gleiche“,
sagt Leni leise.

„Wünschst du dir
denn einen Hund?“,
fragt Paula später.

Leni schüttelt den Kopf.
„Der wäre bei uns zu viel allein.
Und Katzen mag Papa nicht,
weil sie nicht so anhänglich sind.“

„Also, Milly kuschelt gern“,
erklärt Paula.
„Und sie bleibt immer
in Frau Schmittkes Nähe.“

Leni ist stehen
geblieben.
„Guck mal!“, sagt sie.
„Millys Platz ist immer noch leer.“

„Komisch!“, meint Paula.

# Milly schlägt Alarm

„Ob Frau Schmittke
verreist ist?“,
fragt Paula beim Abendbrot.

„Das glaube ich nicht“, sagt Mama.
„Sie kann nicht mehr so gut laufen.
Ich schau lieber mal nach ihr!
Kommst du mit?“

Schon stehen Mama und Paula
vor Frau Schmittkes Haus.
Drinnen brennt Licht.

Aber als Mama klingelt,
öffnet niemand die Tür.
Was ist da nur los?

Plötzlich horcht Paula auf:
War da nicht ein Maunzen?
Das muss Milly sein!

Das Maunzen wird lauter.
Dann hören sie Frau Schmittke:
„Zu Hilfe!“, ruft sie schwach.
„Ich bin gestürzt!“
Oje …

„Ganz ruhig, Frau Schmittke“, ruft Mama und zückt ihr Handy. „Wir holen Hilfe!“

Dann geht alles ganz schnell: Die Feuerwehr kommt und bricht die Tür auf.

Da ist auch die Notärztin! Paula atmet auf.

Die Ärztin kümmert sich
um Frau Schmittke
und Paula um Milly.

Das Kätzchen ist ganz unruhig!
Paula füllt Millys Futternapf
und gibt ihr frisches Wasser.

Sie spricht sanft auf Milly ein.
Endlich wird Milly ruhiger.

„Milly war den ganzen Tag
mit Frau Schmittke
im Bad eingesperrt!“,
erklärt Mama Paula.

„Frau Schmittke ist da gestürzt
und hat sich das Bein gebrochen.
Sie kommt ins Krankenhaus.“

Aber was passiert mit Milly?

# Wer nimmt Milly?

„Kann Milly nicht zu uns?“,
überlegt Paula.
Ach nein, Milly und Frido –
das würde nicht gut gehen!

„Heute Nacht
bleibt Milly erst mal hier
im Haus“, sagt Mama.
„Und morgen sehen wir weiter.“

Am nächsten Tag kommt Leni.
Sie hilft, Milly zu versorgen.

Die Mädchen füttern Milly
und säubern das
Katzenklo.

Dann wird gespielt.
Wie Milly versucht,
Papierbällchen zu fangen –
einfach süß!

„Mama hat mit Frau Schmittkes Tochter telefoniert“, berichtet Paula.

„Frau Schmittke muss eine Weile
im Krankenhaus bleiben.
Ihre Tochter hat eine Allergie
gegen Katzenhaare.
Da kann Milly also nicht hin!“

„Dann nehme ich Milly einfach mit zu uns!“, sagt Leni entschlossen.

„Dies ist ein Notfall. Da muss man helfen! Das verstehen Mama und Papa bestimmt!“

„Hoffentlich!“, sagt Paula.

Lenis Mama sagt sofort Ja.
Lenis Papa runzelt die Stirn.

„Eine Katze? –
Na gut, Milly darf bleiben
bis Frau Schmittke
wieder gesund ist.“

Leni drückt Paulas Hand vor Freude.

Milly streift durch die Wohnung.
„Gefällt es dir bei uns?“,
fragt Leni leise.
„Schau, hier ist dein Körbchen!
Gemütlich, oder?“

Milly reibt ihren Kopf
an Lenis Bein.
„Das heißt Ja.“ Paula lächelt.

# Ein neues Zuhause

Eine Woche später besuchen
Paula und Leni Frau Schmittke im
Krankenhaus.

Milly durfte leider nicht mit.
Aber Leni hat Fotos gemacht.
Damit Frau Schmittke sieht,
wie gut es ihrem Kätzchen geht.

Die alte Dame ist gerührt:
„Danke, dass ihr euch
um Milly kümmert!
Ich schaffe es nicht mehr.
Wenn ich hier entlassen werde,
ziehe ich zu meiner Tochter.“

„Und was wird aus Milly?“,
fragt Paula.

„Tja …“
Frau Schmittke zögert.
„Wäre es eventuell möglich,
dass Milly bei euch bleibt, Leni?“

„Au ja!“
Leni nickt strahlend.

Aber dann fällt ihr Papa ein.
Und ihr Lächeln erlischt …

„Mama erlaubt es bestimmt“, sagt Leni auf dem Heimweg. „Aber Papa …? Der ist nun mal kein Katzenfreund! Dabei ist Milly so lieb!“

Leni schließt die Haustür auf. Nanu, was ist denn das?

Lenis Vater liegt auf dem Sofa
und kuschelt mit Milly.
Sanft krault er ihr Fell.
Die kleine Katze schnurrt.
Als Lenis Vater die Mädchen bemerkt,
schiebt er Milly verlegen zur Seite.

„Ich dachte, du magst
keine Katzen!",
ruft Leni verdattert aus.

„Na ja, diese schon",
gibt Lenis Papa zu.
„Aha!", sagt Leni und lächelt.
„Dann habe ich eine Frage …"

„Milly darf bei uns bleiben!“,
jubelt Leni am nächsten Tag.
„Ob wir es schaffen,
dass Frido und Milly
auch Freunde werden?“
„Na hör mal.“ Paula lacht.
„Wir beide schaffen doch alles!“

# Löse diese Rätsel!

**1. Was bekommen die Schwalbenkinder *nicht* zu fressen?** Kreise ein.

Käfer

Frösche

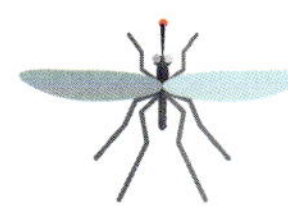

Mücken

Fliegen

Lösung aus „Achtung, Liebespärchen!“: Frösche

**2. Was passiert zuerst?** Bringe die Bilder in die richtige Reihenfolge.

Lösung aus „(K)ein großer Katzenfreund“: 1. Mama kocht. 2. Papa serviert das Essen. 3. Herrn Fritz fällt der Braten auf die Hose, doch dann beginnt er zu lachen.

**3.** **Wofür hat Mia im Garten Moos gesammelt? Für ein ...** Bringe die Silben in die richtige Reihenfolge.

GE   UNGS   BE   SCHENK   GRÜSS

Lösung aus „Moose zum Anfassen“: Begrüßungsgeschenk

**4.** **Was ist anders als sonst mit Sofies Hund Mücke?** Kreuze die richtige Antwort an.

- ☐ Sie hat keinen Hunger mehr.
- ☐ Sie will nicht kuscheln.
- ☐ Sie springt aufs Sofa.

Lösung aus „Was ist bloß mit Mücke los?“: Sie will nicht kuscheln.

**5.** **Verkehrt herum. Woraus frisst Katze Peppa?** Kreuze an.

- ☐ FPANNEZTAK
- ☐ FPOTHCOK
- ☐ LESSÜHCSNEHCUK

Lösung aus „Neue Freunde“: Katzennapf

# Löse diese Rätsel!

**6.** **Wer liegt auf den Sandbänken faul in der Sonne?** Kreise ein.

Möwen

Kinder

Seehunde

Lösung aus „Glück gehabt, kleiner Delfin!", Kapitel „Mia am Meer": Dort liegen Seehunde.

**7.** **Wie heißt Mias Freund unter den Delfinen?** Suche das richtige Wort im Buchstabengitter.

| | | | | | |
|---|---|---|---|---|---|
| G | E | R | D | A | P |
| M | I | K | A | N | O |
| R | A | B | E | N | T |
| L | U | K | A | I | M |

Lösung aus „Glück gehabt, kleiner Delfin!", Kapitel „Mia und die Delfine": Er heißt Ben.

**8.** **Lies genau in Spiegelschrift. Was packt Paula für den Park ein?** Kreuze an.

- ☐ Leckerlis
- ☐ Lebkuchen
- ☐ Limonade

Lösung aus „Paula rettet ein Kätzchen“, Kapitel „Das leere Fenster“: Leckerlis

**9.** **Was versucht Kätzchen Milli beim Spielen zu fangen?** Trage die fehlenden Buchstaben ein.

PAPI_R_ÄLLC_EN

Lösung aus „Paula rettet ein Kätzchen“, Kapitel „Wer nimmt Milly“: Süß, wie Milly mit den Papierbällchen spielt.

**10.** **Was sagt Leni auf dem Heimweg über ihren Vater?** Kreuze die richtige Antwort an.

- ☐ „Der hat am Wochenende Geburtstag!“
- ☐ „Der ist nun mal kein Katzenfreund!“
- ☐ „Er kann nicht so gut mit Tieren!“

Lösung aus „Paula rettet ein Kätzchen“, Kapitel „Ein neues Zuhause“: „Der ist nun mal kein Katzenfreund!“

# Quellenverzeichnis

Achtung, Liebespärchen!
aus: Christina Koenig, **Lesetiger-Baumhausgeschichten**
mit Illustrationen von Alexander Bux


(K)ein großer Katzenfreund
aus: Katja Reider, **Lesetiger-Katzengeschichten**
mit Illustrationen von Lisa Althaus


Moose zum Anfassen
aus: Sandra Grimm, **Lesetiger-Elchgeschichten**
mit Illustrationen von Leopé


Was ist bloß mit Mücke los?
aus: Jana Frey, **Kleine Lesetiger-Hundegeschichten**
mit Illustrationen von Angelika Stubner


Neue Freunde
aus: Claudia Ondracek, **Kleine Lesetiger-Katzengeschichten**
mit Illustrationen von Katharina Wieker


**Lesespatz – Glück gehabt, kleiner Delfin!**
von: Petra Fietzek
mit Illustrationen von Silke Voigt


**Lesetiger – Paula rettet ein Kätzchen**
von: Katja Reider
mit Illustrationen von Franziska Harvey